便利！
危険？

自分を守る
ネットリテラシー

基本を知って
リスク回避

監修 遠藤 美季

はじめに

ICT（Information and Communication Technology：情報通信技術）によって、わたしたちの生活はとても便利になっています。学習や趣味といった個人的な利用から、社会がかかえる課題の解決にも役立ち、未来は大きく変わっていくでしょう。

ICTは、わたしたちがより豊かに、そして幸せになるためのものですが、使い方次第で、自分や周囲を巻きこむ大きなトラブルをまねくこともあります。いじめや犯罪などのトラブル、炎上、依存など、生活や心身の健康をおびやかすこともあります。あふれる情報にふり回されて、人々の間に争いや分断も起きています。「ちょっと失敗した」ではすまないことも多くあるのです。

近年、AI（Artificial Intelligence：人工知能）の目覚ましい発達でより問題は複雑になり、情報のあつかいも難しくなってきました。状況は日々変わりますが、ICTを利用する際の基本の考え方は変わりません。本シリーズで紹介することを意識し、ネットリテラシー（インターネットを適切に使いこなす力）を身につけることができれば、トラブルをさけ、情報社会を上手に生きていく一助になるでしょう。

ネットリテラシーを身につけるためには、アナログの体験も必要です。自分の五感を使って広い世界を知り、インターネットでは得られないさまざまな経験をしておくことが、ネットをコントロールする力やトラブルがあったときのレジリエンス力（回復力）になります。人への優しい気持ち、自分を大切にする心も忘れずに、みなさんが情報の海をたくましく安全に航海していくことを願っています。

遠藤 美季

この本の見方

この本は、テーマごとにマンガから始まります。マンガの中の当事者になったつもりで、自分ならどうしたかを考えましょう。そして、Q&Aや深ぼり解説を読んで、「トラブルを防ぐにはどうしたらよいか」を学び、ネットのモラルとリテラシーを身につけましょう。

テーマ

トラブルにつながりそうなちょっとしたエピソードをマンガにしています。

Q&A

Ⓠ …自分が当事者なら、どうしていたか、どう思うか考えてみましょう。

Ⓐ …どうしたらトラブルを防げたかをここで知りましょう。

Ⓐの下に続く解説で、ほかにはどんなことに気をつけたらよいかを知っておきましょう。

深ぼり解説

マンガ、Q&Aであつかったテーマについて、知識をしっかり身につけるページ。

こうすれば大丈夫!

タブレットやスマホを使う上で、気をつけたいことをまとめたページ。このページには、ネットリテラシーの基本がつまっています。

column

タブレットやスマホを使う上で、役立つ情報を楽しく紹介しています。

もくじ

そうだ!!
こっそり
撮っちゃお

episode 1

タブレットを使うときに 注意したいこと ……………………… 6

episode 2

ナオキの
パスワードも
教えて

え？

自分のID、パスワードは 最高機密！ ……………………… 14

宿題も終わったし
LIVE 配信見よ

ぽいっ

ここって……

おばあちゃん家の近くじゃん!!

静岡県〇〇町の住宅地で床上浸水

#拡散希望　1126　♡917

132

今日はもう
終わりよ

ひょいっ

あっ

タブレットを使うときに注意したいこと

次、わたしの番だ
緊張する……

ミツキ

あっ　ミツキ

がんばれ
カナ！

では　わたしたち
3班の発表を始めます

そうだ!!
こっそり
撮っちゃお

カナ
よかったよー！

え……

見て！　うまく
撮れてるでしょ

あれ!? カナの表情が暗い……どうしてなんだろう?

　自分がカナの立場なら、無断で自分の写真を撮影されたら不快なはず。
　だれでも、「肖像権」という権利を持っています。無断で他人から動画や写真を撮影されたり、それを公表・利用されたりしないように主張できる権利です。ミツキがカナを無断で撮影した行為は、肖像権の侵害にあたります。たとえ仲のよい友だちでも、撮影する前に声をかけて了解をもらいましょう。

写真の撮影や共有でトラブルにならないために

うん

　授業のときは、データの保存場所や共有について先生の指示をよく聞きましょう。だれかの写真や動画を撮影するときは、必ず本人に許可を取りましょう。共有したい写真や動画にたまたま友だちが映ってしまったときも、個人が特定できるような場合は、事前に本人の許可を得ましょう。

拡散のスピードは速く、削除は困難

　写真などのデータは簡単にコピーや共有ができるため、友だちの写真を別の子に送っただけで、あっという間にクラス全体に広がってしまうかもしれません。一度広まってしまった写真を、受け取った全員に削除してもらうことは大変で、多くの場合、削除しきれません。送信前に、必ず本人に許可を取りましょう。

　悪気はなくても、写真、動画は本人の許可がないと撮っちゃダメなんだね。これからはちゃんと事前にOKをもらうようにする!

調べ学習と著作権

学校の授業や調べ学習のとき、肖像権とともに著作権にも注意しなければいけません。どのようなものに著作権があるか、引用の仕方などを確認していきましょう。

著作権と著作物とは？

写真やイラスト、音楽や小説など考えや思いを表現したものを「著作物」といい、その作品をつくった人（著作者）に「著作権」という権利が発生します。ほかの人が著作物を一部でも使用するときは、基本的には著作権を持っている人の許可が必要です。

著作物のあつかいで注意が必要なもの

授業で使う場合は、特別な条件として著作物も許可なく使ったり、複製したりすることができます。しかし、多くの人に配るために印刷をしたり、学校のウェブサイトやSNSなどインターネット上に無許可でアップロードすることはできません。また、他人が無許可で公開したものをダウンロードした人も、罪に問われることがあるので注意しましょう。

この写真は、北陸地方の郷土料理の写真です

北陸地方の
郷土料理について

文章を引用するときは？

別の人が書いた文章を、自分の文章で使うことを引用といいます。引用するときは、次のようなルールを守りましょう。

文章引用のルール

❶ 「　」をつけて引用したことをわかりやすくする。

❷ 引用するときは元の文を変えない。

❸ 引用した書籍の情報は、引用した文の近くと別途記載する参考文献のところに書く。

参考文献の書き方

● ウェブサイトの場合
→ 名前、ＵＲＬ、見た年月日を示す。

例 出典：農林水産省　うちの郷土料理
(https://www.maff.go.jp/j/keikaku/syokubunka/k_ryouri/index.html)
見た日：2023年9月12日

● 本の場合
→ タイトル、著者（監修者）、出版社、出版年を示す。

例 参考文献：
「日本全国味めぐり！ご当地グルメと郷土料理　肉・魚・野菜」／
監修 清 絢／金の星社／2016年

写真の借用や図表の引用をするときは？

写真では借用先や撮影者、タイトルがあればそれも書きましょう。自分で撮影した写真は名前を示して、借りた写真と区別できるようにしましょう。グラフや表では、引用した資料名やページを出典として書きましょう。

借用した写真の場合

◀福井県の
呉汁

出典：農林水産省ウェブサイト
(https://www.maff.go.jp/j/keikaku/syokubunka/k_ryouri/
search_menu/menu/gojiru_fukui.html)

自分で撮影した写真の場合

撮影：○山 △子　撮影日：2023年5月4日

自宅でオンライン授業を受けるときは？

学校や習い事で、オンライン授業が行われることがあります。どのようなことに注意すればよいのでしょう。

1 タブレットを置く場所

ひざの上などの不安定なところではなく、机など固定された平面に置きます。画面に映る自分の顔がはっきり見える場所がよいでしょう。適当な場所がなければ、照明を使って、手元に光が当たるようにしましょう。また、太陽光や照明が画面に映りこんで見づらいときは、場所やタブレットの角度を調整しましょう。

2 カメラ・マイクの機能

自分の顔が画面に収まるように映っているか確認します。次にタブレットから音が聞こえるか、また、マイク機能のオン・オフを切りかえられるかを確認します。自分の声が人にも聞こえているか、画面の向こうの人に呼びかけて確認しましょう。通信環境や充電が足りているかどうかも確認しておきましょう。

3 自分の周囲

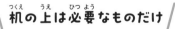

\ 机の上は必要なものだけ /

あなたの画面に映っている周囲のものは、すべてほかの人にも見えてしまいます。授業に集中するために、余計なものが映りこまないよう部屋やタブレットのまわりは整理整頓し、授業中はペットなどが近くに来られないようにしておきましょう。服装もパジャマはさけて、学校と同じ気持ちでのぞみましょう。

こうすれば大丈夫！

学校で
タブレットを
使うときに
気をつけたいこと

水にぬれた

落とした

画面が割れた

タブレットは、学習への活用を目的に学校から配布されています。そのため、みなさんが使える機能は制限されています。その設定を勝手に変えてはいけません。また、タブレットは、内部に小さな電子部品がつまっている精密機器です。水でぬらしたり、落としたり、とがったもので画面をついたりするだけでもこわれる原因となります。一部の機能がこわれただけでも修理が必要になるので、大事に使いましょう。

やめよう
いじめに
つながること

写真・動画・録音

● ふざけて友だちの顔を加工してクラス内で拡散しない。
● 本人の許可なく撮影や声などの録音をしない。
● 他人が撮った写真を自分が撮ったとうそをついたり、共有したりしない。

→ たとえ友だちでも、事前に許可をもらうこと。

IDやパスワード

● 他人のIDやパスワードを調べたり聞いたりしない。
● 他人のIDを使って書きこみなどをしない。
● 他人のタブレットのロックを解除して、無断で使用しない。

→ 学校では、必ず自分のタブレット、自分のIDで作業すること。

共有や編集の機能

● 共有ノートアプリに学習と関係のないことを書きこまない。
● みんなで編集しているファイルを勝手に消したり書きかえたりしない。

→ 授業で使用するファイルやクラスで共有しているものを勝手に変更しないこと。

チャットやコメント機能

● チャットやコメント機能を使って、授業に関係ないことを書いたり、ふざけたりしない。

→ 先生から指示がないときは、チャットやコメント機能を使わない。

タブレットのカメラを使ってみよう！

タブレットについているカメラで、写真や動画を撮ることができます。
いろいろな機能を覚えて使いこなしてみましょう。

まずはどんな機能が あるかを知ろう

タブレットのカメラには次のような機能がついていて、だれでも上手に動画や写真を撮れるよう助けてくれます。

イン・アウト（内・外）の切りかえ

タブレットの前面と背面の両方にレンズがついている機種が多く、切りかえて撮影できる。

フラッシュ

室内など暗い場所で写すとき、光が出て明るくきれいに写せる機能。

オートフォーカス

撮りたいものにきちんとピントが合うように、ガイドしてくれる機能。

タイマー

設定した数秒後、自動的に撮影される機能。はなれた場所から写したいときなどに使える。

※使用する端末によって機能や使い方が異なる場合があります。

人に伝わる写真を撮ろう

撮影するときは、目的に合わせて何を中心にしてどんな写真を撮りたいかを決めておくと、より人に伝わる写真が撮れます。

例えば、違法駐輪されている自転車の写真を撮るとします。まわりの風景もふくめて、たくさん駐輪されているようすを撮影すれば、違法駐輪がどれほど多いのかがわかるでしょう。

もし、数台の自転車だけをアップで撮影したら、違法駐輪がどれくらいあるか、まちなかのどのあたりにとめているのかは伝わりません。まずは、その写真で何を伝えたいのか、そのためにはどう写すといいかを考えてから撮影しましょう。

屋外での撮影のくふう

屋外で、動かせないものを大きく写したい場合は、自分とカメラがものに近づいて撮影しましょう。より細かいところまで見せたい場合は、ズーム機能も使ってみましょう。例えば、アサガオやタンポポなどの植物なら、全体、アップ、下から・横からなど、撮影する角度や方法をくふうすると、その植物の特徴をとらえやすくなります。タブレットは大きく、手ぶれが起きやすいので両手で持ち、脇をしめて撮影しましょう。

| くわしく見せたい部分にズーム | いろいろな角度から | 全体を写す |

一瞬の動きをとらえよう

とび箱をとぶようすを写真や動画で撮影してもらえば、あとで動きを見直すことができます。動画だったらゆっくり再生して、失敗したときの原因をさぐることもできます。ほかにも、川面に投げた石がはねていくようすや、水風船が割れるようすなど、「一瞬で終わってしまうこと」を写真や動画に収めておくと、目だけではとらえられない動きが見えておもしろいです。

タイムラプス撮影を使ってみよう

花が開いていく過程や、ある交差点の一日の交通のようす、日の出から日没までの建物の影の変化など、何時間もかけて変化するものを記録したいときは、「タイムラプス撮影」がおすすめです。

長時間撮影したものを、短い動画にして再生できる機能です。カメラを定位置に固定して、雲の流れや、氷が解けていくまでのようすなどを撮影すれば、早送り動画のように再生することができます。

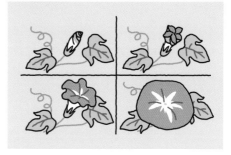

自分のID、パスワードは最高機密！

夏休みのある日

ずもも

まっしろ…

ミナトこういうの楽勝でしょ！

ボクにヒントをなにとぞ！

いいよ じゃあネットで調べてみよう ナオキのスマホ貸して

あ ひょい

ナオキのパスワードも教えて

え？

う、うん パスワードは…… ××××

了解

……

14

Q 仲がいい友だちなら、IDとパスワードを教えても大丈夫だよね？

A IDは家の表札で、パスワードは家のかぎのようなもの。あなたのパスワードが他人に知られるということは、その人に大事な家のかぎをわたすのと同じこと。だから、だれにも知られないように保管して、どんなに親しい人にも教えてはいけません。

自分のものが自分のものでなくなる「乗っ取り」

もし、他人があなたのアカウントを自由に使えるようになってしまうと、あなたになりすまして、パスワードを新しいものに変えることができます。変更したパスワードはなりすました人しか知らないので、あなたが知っているパスワードではログインできなくなってしまいます。これが「乗っ取り」です。

別のパスワードに変えてやる！
PASSWORD XXXXXXX
カタカタ…
あれ？ あれ？

他人のアカウントでログインしたら、犯罪になるよ！

オンラインゲームやSNSなどのさまざまなサービスでは通常、第三者が他人のアカウントを利用することを「なりすまし行為」として禁止しています。そしてなりすまし行為は、「不正アクセス禁止法」という法律に違反する、犯罪行為です。人に自分のパスワードを教えないというだけでなく、人にも聞かない、教えられても利用しないことが重要です。

※不正アクセス禁止法は2012年5月1日に改正され、他人にIDやパスワードを聞くだけでも処罰の対象となる可能性があります。
何か困ったことが起きたときのために、保護者にだけ伝えておくのは問題ありません。

親しい友だちだからといって、気軽にパスワードやIDを教えるのはダメなんだね

ぼくがナオキのパスワード、IDを使ってアクセスするのは、なりすまし行為と同じなのか。これからは気をつけるよ

15

危険なパスワードってどんなもの？

次のようなパスワードは覚えやすくていいように思えますが、すぐに解読されてしまいます。パスワードが見破られてしまうと、ゲームやSNSのアカウントを乗っ取られたり、勝手に買い物されたりする危険があります。

よくあるパスワードの設定

ペットの名前を
入れよう

忘れないように
自分の誕生日を
入れよう！

好きな
サッカー選手の
背番号を使おう

自分の名前じゃなくて
ニックネームなら
覚えやすくていいよね

パスワードは
「Maru0913」に
しよう！

パスワードは
「tonchan09」に
しよう！

推測・解読されやすいパスワード

✖ 名前や誕生日、ニックネーム、住所などが使われている。
　→他人でも想像がつきやすいので、使わないほうがよいでしょう。

✖ 短い（6文字以下など）パスワード
　→覚えやすいけれど、文字数が少ないとつき止められやすくなってしまいます。

安全なパスワードってどんなもの？

パスワードは「数字、大文字と小文字、記号の組み合わせで12文字以上」で設定するなど、下記の項目に注意しましょう。

1 個人情報をふくまない

名前や生年月日、電話番号など簡単に推測できるものや個人情報は使わないように。

2 長さが十分にある

パスワードの長さは、12文字以上がおすすめです。

3 大文字と小文字の両方を使う

アルファベットの大文字と小文字を組み合わせて使えば、推測することが難しくなります。

4 数字を使う

アルファベットだけでなく、数字を組みこむことでセキュリティが向上します。

5 記号を使う

！、@、#、$、％などの記号を使うことで、より解読しづらくできます。

6 一般的な単語や名前をさける

辞書にのっているような単語はさけて、意味のないランダムな文字列にしましょう。

見破られにくいパスワードの例

Kp7#mL9@fxTz

1Km$Fp9!2jLp

見破られやすいパスワードの例

123456rin　→ 連続した数字などは推測されやすいのでさけましょう。

qwerty　→ 意味のない文字列に見えますが、パソコンのキーボードの並びと同じなので、推測されやすいです。

IDやパスワードを安全に管理しよう

IDやパスワードは使い回さない

ちがうサービスで、同じIDやパスワードを使い回すのはやめましょう。ひとつ見破られると、ほかのサービスも危険にさらされます。アプリやサービスごとにちがうIDやパスワードを設定し、定期的に変更しましょう。

紙のノートやアプリで管理

複雑なパスワードをいくつも覚えておくのは大変ですね。紙のノートに記録しておくのが、サイバー攻撃を受けることもないのでおすすめです。そのノートを自宅などの安全な場所に保管するとよいでしょう。パスワードを管理できるスマホアプリもあります。使用するときは、端末のセキュリティをしっかり設定し、アプリを最新のバージョンに保つようにしましょう。

タブレットやスマホを使い過ぎると

宿題も終わったし
LIVE 配信見よ

ぽいっ

午前1時　動画

午前2時　ゲーム

翌朝

ユウマ
起きなさーい！
遅刻するわよ！

はぁーい……

ぐったり…

ゴロ…

Q ちょっとのつもりが気づいたら夜中に……
でも、学校行ってるし
元気だから大丈夫だよね

A インターネットは、適切に利用することで、さまざまな利点があります。必要な情報がすぐ手に入りますし、コミュニケーションが容易に取れます。また、ゲームも楽しめて、動画やイラストなどの作品を投稿する機会も増えます。ただし、どれも適度に利用しなければ、体や心に悪影響をおよぼす場合があります。

使い過ぎによる生活や健康への影響
（詳細は20・21ページ参照）

タブレットやスマホでゲームやSNSに熱中しすぎるあまり、日常生活に支障が出る人が増えています。やめたくてもやめられないゲーム障害という深刻な病気や、スマホ依存につながる場合もあります。

● 生活

学業への影響
長時間の利用で睡眠不足になり、学習時間がけずられ、宿題ができないことも。また、集中力が低下したり、注意力が散漫になったりする。

人間関係への影響
家族や友だちと対面でコミュニケーションを取る時間が減り、孤立してしまう。外出が減り、新しい出会いの機会がなくなる。

時間の浪費
すきま時間やひまなときにも常に使用し、限られた時間を無駄に消費してしまう。

● 健康

首や肩の痛み
長時間同じ姿勢で使用することにより、首や肩に負担がかかり、痛みが生じる場合がある。

睡眠障害
寝る前まで画面を見続けると、画面から出る光の作用で、不眠症になったり、睡眠の質が低下したりする。

眼精疲労
画面を長時間見つめることで、目がかすんだり、かわいたりする。ひどい場合は、頭痛やはき気をおこす。

精神的ストレス
SNS上の相手の反応や自分へのメッセージが気になり、不安やストレスが大きくなる。

ずっと画面とのにらめっこで、なんだか頭も重かった……
使い方を見直さないとなぁ

タブレットやスマホの
健康への影響

タブレットやスマホを寝転がって見たり、長時間使い続けたりしていませんか？
姿勢や使用時間を見直して、体に負担をかけない使い方をしましょう。

姿勢・目の健康

画面をかたむけて、目線が画面と垂直になるように

深く腰かける

両足を床につける

机に上向きにタブレットを置いて使うと、自然とのぞきこむような姿勢になってしまい、お腹を圧迫したり、首や肩、背中などに負担がかかります。

タブレットを見るときの姿勢を見直そう

前かがみや無理な姿勢のままタブレットを使い続けると、目・首・背中など、体に負担がかかります。左の図のような使い方を心がけてみましょう。
そして、30分使ったら1〜2分遠くを見て、目をこまめに休ませましょう。首を回したり、軽いストレッチをしたりするほか、目を休ませる効果のある観葉植物をまわりに置くのもよいでしょう。

リラックスしてまばたきをしてみよう

液晶画面をじっと見ていると、まばたきの回数が減り、目の表面が乾燥して傷つく「ドライアイ」になる場合があります。その結果、視力が低下することも。タブレットやスマホを使うときは、目をリラックスさせて、意識的にまばたきをしてみましょう。

画面から顔をはなすことを意識しよう

近距離で画面を見続けると、目を内側に寄せるための筋肉が強くなり、寄り目がもどらなくなる「内斜視」になってしまうことがあります。寝転がって見たり、うつむいた姿勢で見たりするのは、腰や首に負担がかかるのでやめましょう。

肩こり・頭痛　　ストレートネックって何？

うつむいた姿勢を毎日、あるいは長期間続けると、首の後ろの筋肉に負担がかかり、その状態で固まってしまうと痛みやこりの症状など体中に不調が出ることがあります。これを「ストレートネック」といいます。

正常

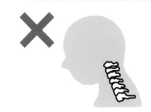
ストレートネック

通常、人間の首の骨（頸椎）はゆるやかにカーブして頭を支えています。頭が前に出て、頸椎がまっすぐに近い状態になると、周辺の筋肉には頭の重さ（4〜5kg）の4倍近い負担がかかるといわれています。

多くの用途があるスマホは、長時間使いがちです。まずは自分の姿勢をチェックして、同じ姿勢で使い続けないことを心がけ、ストレートネックを予防すること、悪化させないことが大事です。

スマホを持つ姿勢

スマホをのぞきこむとき、首の角度は20〜30度になるといわれます。できるだけ頭はかたむけず、目線と同じ高さでスマホを使うことを心がけましょう。
スマホを長時間たてに持ち、小指で支えたり、親指で操作したりすると、手指を痛めることも。片方の手だけの操作はやめて、休憩を時々取りましょう。

睡眠　寝る1時間前から画面は絶対に見ない！

タブレットやスマホは、画面から強い光を発しています。この光は睡眠にかかわるホルモン「メラトニン」の分泌をじゃまする作用があります。
そのため、寝る直前まで画面を見ていると、寝つきが悪くなり、睡眠の質も下がるといわれています。生活リズムもみだれ、昼夜逆転の生活になってしまうこともあります。寝る1時間前からは、画面を見ないようにしましょう。

1時間前

座りっぱなしの危険性　　スマホを使うとき、座りっぱなしじゃない？

食事や水分を十分に取らず、せまい座席に長時間座って足を動かさないと、体内の血行が低下します。習慣化すると筋肉がおとろえ、肥満や糖尿病につながるリスクもあります。

また、長時間座っていたことが原因で亡くなった例もあります。
「同じ姿勢で座り続けること」は不健康と考え、時々立ったり、少し歩いたりして体を動かしましょう。

タブレットやスマホとの上手な付き合い方

タブレットやスマホは生活を便利にするための道具です。自分の時間や生活が道具にふり回されてしまっては意味がありません。適度な距離を保つために、付き合い方をくふうしてみましょう。

タブレットやスマホじゃなくてもできることは別の方法でやってみる

例えば、マンガも本もタブレットやスマホでなくても読めます。なんでもタブレットやスマホにたよるのではなく、手にしない時間を意識的につくりましょう。

動画の自動再生をオフにする

自分ではなかなかやめられないときは、自動で提供されるサービスをオフにする機能も利用してみましょう。

スクリーンタイムなどで自分の利用時間を可視化してチェックする

iPhone には「スクリーンタイム」、Android には、「デジタル ウェルビーイング」という機能があり、利用時間を可視化したり制限したりできます。積極的に利用しましょう。

すきま時間のスマホをやめてみよう

脳には、ぼんやりとしているときに活性化する神経回路があります。ぼーっとしている時間でも、脳内では情報を整理したり、新しいアイデアを生みだしたりしているといわれています。

ところがデジタル端末があると、つい画面を見てしまいがちです。それが習慣化すると、脳にとって大切なぼーっと過ごす時間を失うことにつながってしまいます。

「なんとなく」と、目的もなくスマホを手にすることを、まずはやめてみましょう。スマホを引きだしにしまって視界から取り除いたり、家の人に預けたりしてみましょう。

※すきま時間のスマホをやめるアイデアは 24・25 ページも参照してみましょう。

こうすれば大丈夫！

外で使うときのマナーを守ろう

公共の場では、スマホの利用についてもマナーを守ることが大切です。映画館や電車内では、着信やアラームなどで音が鳴らないようにマナーモードにしておきましょう。通話が認められている場合でも、大声で話すのはやめましょう。また、写真や動画を撮るときは、自撮りであっても周囲の安全や、ほかの人のじゃまにならないか、撮影してもよい場所かなどを、事前によく確認しましょう。

歩きスマホをしない！

歩きながらスマホを操作しているときは、通常の20分の1程度しか周囲が見えないといわれます。そのためとっさの事態に対応できず、ぶつかったり転んだりする事故がよく起きています。自分だけでなく、ぶつかった相手にけがをさせたり、別の事故に巻きこんだりすることもあります。軽率な行動が他人の命も危険にさらしてしまうことを自覚しましょう。

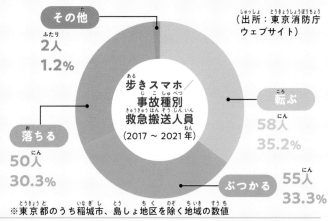

（出所：東京消防庁ウェブサイト）

その他
2人
1.2%

歩きスマホ／事故種別救急搬送人員
（2017〜2021年）

転ぶ
58人
35.2%

落ちる
50人
30.3%

ぶつかる
55人
33.3%

※東京都のうち稲城市、島しょ地区を除く地域の数値

自転車に乗りながらのスマホは禁止！

スマホを手に持ちながらの自転車走行は、道路交通法に違反します。違反すると5万円以下の罰金が科されることがあります。また、イヤホンをしたままの走行は、ほとんどの都道府県において条例や交通規則で禁止されています。命にかかわる危険な行為ですので、絶対にやめましょう。

ネットやSNSを だらだら見るのをやめるコツ

家族を たよる作戦

家族に「ストップ」の声かけをしてもらう。

スマホを買うとき、通信使い放題ではなく、キャリア（携帯通信サービスの会社）に通信量の制限をかけてもらう。

ペアレンタルコントロール機能やファミリーリンク機能で、使う時間や時間帯を、家の人に見守ってもらう。

自分がんばれ 作戦

1日○時間までと決めて、使い過ぎたら翌日使える時間が減っていくルールにする。

宿題、お手伝いなどのやることリストを書きだし、それを全部クリアしたらタブレットやスマホを使う。

タブレットやスマホの壁紙を「使い過ぎ禁止」などの言葉やイラストにする。

機能や設定に たよる作戦

画面を白黒表示にする。
（どの端末でもできるので、チャレンジしてみよう）

「タイムロックコンテナ」のような時間が来ないと開けられないかぎつきのポーチや箱にしまう。

端末の時間管理機能で、時間が来るとアプリや端末が強制的に使えなくなるように設定する。

ネットやSNSに夢中になってあっという間に1時間経過という経験はありませんか？
だらだら見るのをやめるための簡単なコツを紹介します。

お手伝いにポイント制を導入してもらう。ためたポイントは、スイーツや本の購入に使えるようにするなどのしくみに。

部屋を片づけるなど、**タブレットやスマホを見ない時間を家族に決めてもらい、オン・オフのメリハリを**つける。

決まった時間以外は**家の人に本体を預ける。**またはかくしてもらう。

きょうだいと共用にする。○時からは自分、□時からは……と**使える時間を決める。**

端末の**時間管理機能**を使う。使用時間と目的、有効な使い方だったか無意味な時間だったかを毎日確認する。
（ノートやカレンダーに、○△×などで記録する）

決めた使用時間を過ぎたら自分の**そばに置かない。**
自分の部屋に**持ちこまない。**

column ②

タブレットやスマホが使いたくなったら、すぐに**ほかのことができるように考えておく。**（読書、ストレッチ、ジグソーパズル、散歩など）

友だちに、○時以降使わない宣言をする。

起動すると、毎日やるべきことが書かれた**Todoリスト**が表示されるように設定する。

充電をギリギリにしておく。

使わないアプリは削除して、**スタート画面をスッキリ**させる。

長いパスワードをかける。

その情報、信じて大丈夫？

!?

ここって……

おばあちゃん家の近くじゃん!!

静岡県〇〇町の住宅地で床上浸水

#拡散希望

♡ 917

1126

132

拡散しないと

ポーン

どうした あわてて

一時強い雨が降りましたが
ここ静岡では雨の影響はなく
今は青空が広がっています

静岡県〇〇町から
中継でした！

大変大変！

ど……
どういうこと？

Q 「拡散希望」って書いてあるから、急いでみんなに知らせなきゃダメだよね!?

A どんな内容の情報でも、たとえ知人から送られてきた情報であっても、まずはその情報が真実かどうか確認しましょう。新聞社のニュースサイトや、政府など公的機関から発表されている情報を参考にするとよいでしょう。情報が真実で信頼性があると判断した場合でも、必要以上に拡散することはさけましょう。不要な混乱やパニックを引き起こす元となります。

災害のときほどデマが広まりやすい

災害などで日常生活に大きな変化があると、人々は不安な気持ちになり、新しい情報を信じたり、自分が信じたいと思う情報に飛びついてしまったりする傾向があります。また、悪気はなく、「みんなに知らせたい」という親切心から、よく確認していない情報を拡散してしまう人もいます。

緊急のときこそ慎重に

非常時はいつも以上に冷静に、正しい情報を見極めることが重要です。「何かの役に立てば」というせっかくの気持ちが、結果的にデマ（根拠のないうわさ話）を拡散することになってしまうのは残念です。

情報を受け取ったとき、真偽が確認できない場合は、自分のところで止める勇気が大切です。

ネットの情報でも写真や動画があると信じちゃってた……
わざとうその情報を流す人もいるし、
AIでつくったものは見分けるのが難しいし……
これからはどこ（だれ）が発信したものか確かめなきゃ

フェイクニュースって何？

インターネット上には、事実に基づいていないフェイクニュースがあふれています。情報を見るとき、何に注意すればよいか見ていきましょう。

フェイクニュースとは、だますことを目的につくられた偽物の情報のことです。インターネット上には、みんながうっかり信じてしまうデマもたくさん流れているので注意しましょう。

フェイクニュースに注目が集まったきっかけは、2016年のアメリカの大統領選挙。このとき、「ローマ法王がトランプ氏への支持を表明した」「クリントン氏陣営の関係者が人身売買にかかわっている」といった、誤った情報がSNSで広まりました。

だまされないためのポイント

どこ（だれ）が発信したのか

信頼できる人や企業、団体から発信されているかを確かめる。匿名のアカウントが発信している場合や、なりすましが発信している場合もあるので要注意。

ちがう意見に目を向ける

気づかないうちに自分の信じたい情報ばかり見ていることがある。あえて、別の立場の意見にも目を向けるように心がける。

情報は新しいか

過去の誤った情報がくり返し投稿されることもあるため、いつの情報かを確かめる。情報が古い場合は、訂正後や更新後の最新の情報を探す。

偽物の動画や画像を見ぬくのは困難

大量のデータを学習し、新しいコンテンツをつくる生成AIを利用して、偽の動画や音声をつくりだす「ディープフェイク」という技術があります。選挙でライバル候補の印象を悪くするような動画がつくられるなど、政治目的でその技術を悪用する事例が起きています。

また、生成AIを使った対話型ソフトの「ChatGPT」では、作文や作詞などが可能です。今後、技術はより進歩していくと予測されています。生成AIやChatGPTのような技術が悪用されていることに気づくのは困難ですが、新しいフェイク技術に注目して、疑う目を養っていくことが大切です。

ディープフェイクを使った偽動画のつくり方

❶ 素材となる画像を集める

❷ 画像データから顔の特徴を学習

❸ 別人の動画を用意する

❹ あたかも❶の本人が話しているような偽動画をつくる

「おすすめ」ばかり見ていない？

ニュースサイトや動画配信サービスでは、利用者のこれまでの検索履歴から好みを分析して、興味を持ちそうな情報を優先的に表示する技術が使われています（レコメンデーション）。

その結果、いつも自分が好む情報、自分と同じ意見の情報ばかりを目にすることになります。ほかの情報からは隔離され、自分の考えや価値観のバブル（あわ）に包まれてしまいます。この状態を「フィルターバブル」といいます。見たくない情報が遮断されてしまうと視野がせまくなるので、いろいろな情報にふれるよう意識しましょう。

フィルターバブル

ネット社会では「エコーチェンバー」になりやすい

自分と同じ考えや意見の人とばかり交流すると、共感しあい考えが強化されます。これを「エコーチェンバー」といいます。学校の仲間などでも同じことは起こりますが、ネット社会ではその傾向がより強まり、異なる意見を排除したり、攻撃したりといったことに発展する場合もあります。

反対！　よくない　みんな賛成だね　いいね！　いいじゃん　賛成！　ダメだよ　やめよう

本当にあった フェイクニュース

「ピザゲート事件」

2016年、「ワシントンD.C.のピザ店で児童の人身売買が行われている」というネット上のデマを信じた男が、そのピザ店におし入り、銃を発砲した事件が発生しました。

当時は大統領選挙の選挙期間中で、ある政党の支持者によって、対立する政党をおとしいれようと、ネット上のうわさからデマがつくられ、フェイクニュースとして意図的に流されていました。

「コロナのデマ」

新型コロナウイルス感染症で社会が混乱していたころ、予防に効果があるとして「水を飲む」「ニンニクを食べる」ことをすすめる、根拠のないデマが飛びかいました。

コロナ禍の初期には「トイレットペーパーが買えなくなる」というデマも流れました。業界団体が否定して、デマを信じていない人が多数いたにもかかわらず、品薄状態への不安から買いだめ騒動に発展しました。

「動物園からライオンが放たれた！」

2016年の熊本地震の発生直後、SNS上で「動物園からライオンが放たれた」というデマが書きこまれ、動物園が大量の問い合わせに対応することになりました。デマは、車道を歩くライオンの写真とともに広まりましたが、その写真は外国で映画の撮影時に撮られたもので、熊本地震とはまったく関係のないものでした。投稿者は写真をネットで見つけて拡散したとして、後に逮捕されています。

フェイクニュースを科学的に見てみよう

フェイクニュースはすべて悪意で流されているのか、また、本当のニュースとうそのニュースの伝わり方にちがいがあるのかについて、見ていきましょう。

フェイクニュースは悪意で流されているの？

フェイクニュースは、必ずしもだれかが悪意を持って流しているとはかぎりません。例えば新型コロナウイルス感染症の流行が拡大したときのように、自分が手にした情報を、ほかの人にも「伝えてあげよう」という親切心が発端の場合もあります。また、SNSなどを通して人から人へ伝わっていく途中で、伝言ゲームのようにだれかが自分なりの解釈を加えたり、別の情報を追加したりしていった結果、うその情報になってしまうこともあります。

一方で、政治的な意図で自分たちに有利なフェイクニュースをつくる人や、社会を混乱させたい、アクセス数をのばしたいという自分勝手な思いで、フェイクニュースを流す人もいます。

本当よりうそのほうが広まりやすいの？

真実とフェイクニュース、実はフェイクニュースのほうが約6倍速いスピードで拡散するという研究結果が出ています。理由は3つあります。まず、1つ目は人の感情で「不安」や「いかり」は拡散されやすい特徴があること、2つ目は目新しい情報のほうが人は関心を示しやすいこと、3つ目は、フェイクニュースを信じている人ほど、拡散することです。

わざとフェイクニュースをつくる人は、わたしたちが持つそのような傾向を利用して、不安やいかりをあおる内容や、情報の中に少しだけ新しい情報を盛りこみ注目を集めようとしているのです。

許せません!! ……………………

これはまだ出回っていない情報なんだけど……

ひそひそ

31

タブレットやスマホと
うまく付き合っていくには？

ハルト／中学2年生
ネットの使用：午後9時まで

今日はもう
終わりよ

あっ

もう
終わり〜？

充電はリビングで
しなさいね

は〜い……

ルカ／大学1年生
ネットの使用：時間制限なし

明日の講義は……

姉ちゃんばっかり
ずるいよなぁ

タブレットやスマホ。
自由に使ってもよくない？

タブレットやスマホを使って、ネット検索や動画視聴、ゲーム、メッセージのやりとりをすることがあるでしょう。多くの人が交流する場は、実際の社会と同様に、一定のルールとマナーを守ることで快適に使うことができます。知らずに他人を傷つけたり、トラブルに巻きこまれたりすることのないよう、家族と話し合って、ルールを決めておくとよいでしょう。

ルールの決め方

使う時間や課金について、できるだけ具体的に、ルールを決めておきましょう。ルールを守れなかったときのペナルティーも同時に決めておくとよいでしょう。例えば破った次の日は使用禁止にする、使い過ぎたアプリは削除するなどが考えられます。楽しく使うために自分で納得するルールづくりをして、「破ってもOK」にならないようにしましょう。

① ルールづくりのときは、時間やお金についてしっかり話をしよう。

家の人は、時間やお金を使い過ぎてしまうことを心配しています。自分が無理なく守れる範囲をきちんと伝えて、家の人と約束しましょう。

② ルールを決めたら見えるところにはっておく。

ルールを決めたら、紙に書いて、みんなが見えるところにはっておきましょう。いつでもルールを確認できるようにして、忘れないように気をつけましょう。

ルカはこれまで家のルールやマナーを守って使ってきたの
大学生になって、ようやく自立したってところよ

ルールやマナーを守らなきゃいけないのは
将来、自立して使えるようになるためなんだね……

33

タブレット・スマホを使うための ルールづくり

ルールづくりはタブレット・スマホとうまく付き合っていくための第一歩です。次を参考に、年齢や家族の生活スタイル、使う目的によってルールを決めましょう。

① フィルタリング

フィルタリングとは、ネット上の有害な情報にふれないように設定できる機能のことです。日本では、18歳未満の子どもがスマホを契約するときは、フィルタリングサービスを提供することが法律※で携帯電話事業者に義務づけられています。

※青少年が安全に安心してインターネットを利用できる環境の整備等に関する法律

ルールづくりのポイント

● どんな危険やトラブルが起こりうるのか、説明をよく聞く。よく調べる。
● 本当に必要で使いたいサービスかよく考える。
● 家の人と自分が納得いくまで話す。

② 使う場所

使う場所や置き場所を決めておくことも大事です。使い終わったら所定の位置にもどすことで「今日は終わり」の合図にするとよいでしょう。
基本的には家の人の目の届くところで使うことにして、持ちだす理由がないのに、外に持ちだすのはやめましょう。デジタル端末にはたくさんの個人情報が登録されていて、万一なくしたりこわしたりすると、周囲の人にまで迷惑をかける可能性があるからです。

使用場所を決めるポイント

● 家のリビングなど家族の目の届く場所で使う。
● 自室やバスルームには持ちこまない。
● トイレや食事中には使わない。

③ 時間

毎日の予定をざっと書きだしてみましょう。やるべきこと、やるべき時間を並べれば、タブレットやスマホを使える空き時間が見えてきます。例えば、平日は夕方に1時間とか、夕飯の前に30分、後に30分など。

自分の心身の健康を守るために、使う時間や時間帯を決めておくことが大切です。

時間を決める ポイント

● 夜9時にはやめる。
● 寝る1時間前からは使わない。
● 習い事のある日とない日で変える。
● 夏休みや冬休みなどの長期の休み中は、別のルールを考える。
● やるべきことに、優先順位をつける。

これからタブレットやスマホを使い始める人は？

① 平日の帰宅する時刻、寝る時刻、起きる時刻をまず書きだしましょう。そして、帰宅から寝るまでの時間と睡眠時間を計算してみましょう。

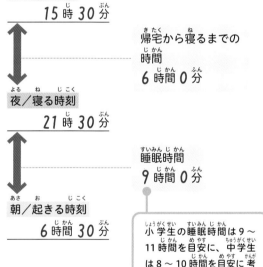

例 帰宅する時刻

15時30分

帰宅から寝るまでの時間
6時間0分

夜／寝る時刻
21時30分

睡眠時間
9時間0分

朝／起きる時刻
6時間30分

小学生の睡眠時間は9～11時間を目安に、中学生は8～10時間を目安に考えましょう。

② 帰宅から寝るまでに、やるべきこととその時間を書きだしましょう。そして、自由時間がどれだけあるかを計算してみましょう。

例
・習い事・塾　　　　90分
・宿題・勉強　　　　60分
・夕食・団らん　　　60分
・お手伝い　　　　　15分　★
・おふろ　　　　　　30分
・次の日の準備　　　15分
・その他　　　　　　15分

①でわかった「帰宅から寝るまでの時間」から★の時間を引くと、自由時間75分

自由時間の中で、読書をする時間、テレビを見る時間などを引いて、どれくらいタブレットやスマホに使えるかを考えましょう。また、どれくらい使うと睡眠に影響が出るかも考えましょう。

自分の生活を円のタイムスケジュールに書きだしてみると、使える時間が一目でわかります。自由時間はどれくらいか、その中でタブレットやスマホを使う時間はどれくらいかを考えてみましょう。

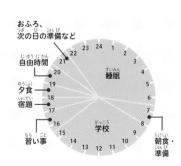

すでにタブレットやスマホを使っている人は？

1日あたり、タブレットやスマホを合計で何時間使っているか、「スクリーンタイム」「デジタル ウェルビーイング」などの機能を利用して確認してみましょう。

④ マナーとトラブル予防

SNSなどでやりとりする場合、相手が友だちであっても、マナーと節度をわきまえることが大切です。次の❹や❺のようなことをしていないか確認してみましょう。そして、SNS上でギクシャクしたり気まずさを感じたりしたときは、直接会うか電話で話をしてみましょう。

SNSに個人情報を書きこむことや、知らない人とやりとりする危険性についても、実際の事件などを例に家族と話し合っておきましょう。

マナーと トラブル予防の例

- 無断で他人にカメラを向けたり、撮った画像を公開したりしない。
- 家の外で使う場合は、周囲に配慮してマナーを守る。
- 人が不愉快になるようなこと・ものを書きこんだり公開したりしない。
- 操作中に話しかけられたら手を止めて応対する。
- 友だちや家族と話しているとき、ひとりでスマホを見ない。
- ネットで知り合った人と会わない。
- ネットに個人情報をのせない。

❹ やりとりで相手を不快にさせている例

❺ 無断で撮影した画像をアップロードしている例

いじめにあったときは

インターネットやSNSでのやりとりを通じて、あきらかないじめを受けたときは、迷わず、すぐに大人に相談してください。「大げさかも…」などとがまんする必要はありません。それ以上あなたが傷つくことのないよう、周囲の大人と一緒に解決策を考えましょう。できれば、いじめを証明するための、スクリーンショットや記録などをとっておきましょう。

また、そのような場面を見かけた人も傍観者にならず、すぐに大人に相談しましょう。

⑤ お金・アプリ

「これはわたしの携帯電話です。わたしが料金を払い、あなたに貸しているものです」という、アメリカのあるお母さんが子どもに示した有名な言葉があります。みなさんも、スマホや通信回線は家の人が契約し、お金を払っていることを忘れないでください。ネットでの買い物やゲームの課金をするときは、さまざまな支払い方法がありますが、子どもだけで支払うのはトラブルの元です。家の人に伝え、許可をもらいましょう。現金のやりとりが発生しないまま、商取引が成立してしまうのがネットショッピングの危険な点です。

またSNSなどのアプリには、暴力、性的な内容などの要素に基づいて対象年齢が設定されています。適切かどうか確認してダウンロードしましょう。

課金・アプリの ルールの例

- 権限・料金・規約は必ず家の人と確認する（アプリ内課金もあるため）。
- 課金した分はおこづかいで払う。
- 課金のときは、プリペイドカードで払うなど利用額がわかる支払い方法にする。
- おこづかい帳をつける。
- アプリのダウンロードは家の人に許可をもらう。

※ゲームには、「対象年齢〇歳以上」といった年齢区分（レーティング）があります。

チャージされているお金を家の人の許可なく使わない

ほとんどのスマホには、電子決済の機能がついています。交通系ICカードのアプリ版を利用して電車に乗っている人もいるでしょう。そこにチャージされている金額内なら、店でも買い物ができますが、家の人に許された以外の用途で使ってはいけません。実感がないまま使い過ぎてしまうおそれがあります。

内緒で、家の人のクレジットカードを使うのも絶対にいけません。

スマホは家の人のもの？

あなたのスマホの中身を、家の人が見ることがあるかもしれません。それは、あなたがスマホを安全に使っているかどうか、心配しているからです。

でも、契約者だからといって、家の人があなたのスマホを自由に見る権利があるとは必ずしもいえません。どんなときに家の人が見てもよいか最初に話し合っておくこと、そして、お互いが納得できるルールをつくっておくことが大切です。スマホは使い方によって危険に巻きこまれることがあります。あなたはルールを守り、家の人に心配をかけるような使い方をしないという意識が大事です。

タブレット・スマホの使用ルール

🕐 使える時間

- 1日のタブレット・スマホが使える時間は（　　　　　　　）時間
- 平日：タブレット・スマホが使える時間は（　　　　　　　）時から（　　　　　　　）時まで
  目的（　　　　　　　　　　　　　　　　　　　　　　　　　　　）
- 休日：タブレット・スマホが使える時間は（　　　　　　　）時から（　　　　　　　）時まで
  目的（　　　　　　　　　　　　　　　　　　　　　　　　　　　）

🏠 使える場所

- （　　　　　　　　　　　　）で使う。
- 食事中　・　入浴中　・　トイレ　・　布団の中　・　（　　　　　　　　　　　）では使わない。

⭐ 課金・アプリ・SNSのルール

☐

☐

☐

> **例**
> ・月〇〇円まで。
> ・課金した分はおこづかいで払う。
> ・決められたSNSやアプリ以外は
> 　使わない。
> など

❗ 注意すること

☐ 友だちや有名人の悪口をネットに書きこまない。誹謗中傷をしない。

☐ 自分や家族、知っている人の個人情報をネットに書きこまない。

☐ 会員登録やアプリのダウンロードなどの必要があるときは、家の人に許可をもらう。

☐ IDやパスワードを家族以外に教えない。変更したら家族に報告する。

☐ 知らない人とメールやSNSのやりとりをしない。
　する場合、家の人にどんな人とやりとりしているか話しておく。

☐ 困ったことが起きたときは、すぐに大人に相談する。

☐ 夜おそくまで友だちとやりとりしない。相手の事情を考える。

☐ 法律を守る。違法なサイトを見たり、違法なダウンロードをしたりしない。

☐ どんな情報でもうのみにしない。情報元を確かめたり、ほかの情報と比べたりする。

▶守れなかったときは

ルールを決めた日	年	月	日
ルールの見直し日	年	月	日

便利！ 危険？
自分を守るネットリテラシー

● 監修：遠藤 美季　　・A4変型判／各40ページ　・NDC370／図書館用堅牢製本

「タブレットやスマホを使う」「SNSで情報発信をする」「ネットでゲームやショッピングをする」……。

どれも小中学生が学校や生活で日常的にしていることです。本書では、ネットを使う小中学生にとって身近なトラブルをマンガで紹介し、回避策を提示しています。

マンガで「あなたならどうするか？」を考えてみましょう。どこに原因があったのか、どうすればトラブルを防げるかを解説から学び、1人1台しっかり活用できるネットリテラシーを、本シリーズで身につけてください。

基本を知ってリスク回避

タブレットやスマホを使うときの注意点を軸に、授業で役立つ著作権や家庭で活かせるタブレット・スマホを使うためのルールのつくり方を収録。

- episode 1　タブレットを使うときに注意したいこと
- episode 2　自分のID、パスワードは最高機密！
- episode 3　タブレットやスマホを使い過ぎると
- episode 4　その情報、信じて大丈夫？
- episode 5　タブレットやスマホとうまく付き合っていくには？

SNSにひそむ危険

SNSを楽しく使いこなすためのコツや、ネットを介したメッセージのやりとりのポイント、犯罪に巻きこまれないための注意点を解説。

- episode 1　チェーンメールが回って来たらどうすればいいの？
- episode 2　メッセージのやりとりでトラブルになっちゃった
- episode 3　その投稿、大丈夫？
- episode 4　グループトークで仲間はずれに
- episode 5　人を傷つけるような書きこみにショック！
- episode 6　ネットの出会いには危険がいっぱい！

ネットゲーム・ショッピングの罠

ネットショッピングでだまされないために気をつけたいこと、ネット（オンライン）ゲームをするときの課金やチャットトラブルを防ぐ方法をくわしく紹介。

- episode 1　ネットショッピングは便利で楽しいけど
- episode 2　これって違法なダウンロード？
- episode 3　どうしても欲しいアイテムが売ってる！
- episode 4　ゲームに夢中になりすぎてない？
- episode 5　ネットゲームでトラブル発生！

監修 遠藤 美季（えんどう みき）

保護者・学校関係者・子ども向けにネット依存の問題や情報モラル・リテラシーへの関心を広げるための活動をする任意団体エンジェルズアイズを主宰。保護者、子どもからのメールによる相談の受けつけ、助言も行っている。またアンケートによる意識調査や取材などを通じ現場の声から未成年のネット利用についての問題点を探り、ネットとの快適な距離・関係の在り方について提案している。
著書に『脱ネット・スマホ中毒』（誠文堂新光社）、監修書に『あの時こうしていれば……本当に危ないスマホの話』『大人になってこまらない マンガで身につく ネットのルールとマナー』（金の星社）ほか多数。

- ●マンガ　　　久方 標
- ●本文イラスト　おとと みお
- ●原稿執筆　　青木 美登里
- ●デザイン　　Kamigraph Design
- ●シナリオ　　古川 美奈
- ●校正　　　　有限会社 ペーパーハウス
- ●編集　　　　株式会社 アルバ

- ●写真提供・協力　　PIXTA

便利！危険？ 自分を守るネットリテラシー
基本を知ってリスク回避

初 版 発 行　2023年11月
第 2 刷発行　2024年 9 月

監修／遠藤 美季

発行所／株式会社 金の星社
〒111-0056 東京都台東区小島1-4-3
電話／03-3861-1861（代表）
FAX／03-3861-1507
振替／00100-0-64678
ホームページ／https://www.kinnohoshi.co.jp

印刷／広研印刷 株式会社
製本／株式会社 難波製本

40P.　29.5cm　NDC370　ISBN978-4-323-06176-4
©Shirube Hisakata, Mio Ototo,ARUBA,2023
Published by KIN-NO-HOSHI SHA,Tokyo, Japan

よりよい本づくりをめざして
お客様のご意見・ご感想をうかがいたく、
読者アンケートにご協力ください。
ご希望の方にはバースデーカードを
お届けいたします。

＼＼ アンケートご入力画面はこちら！ ／／

https://www.kinnohoshi.co.jp